Bouwplaats management logboek

Dit boek hoort bij:

Naam :

Telefoon :

E-Mail :

Perfect voor bouwplaatsvoorman,
manager of supervisor

Naam van het project :

Voorman :

Projectnu.:

Datum:

Dag:

| Bezoekers | Planning |

| Problemen | Veiligheid problemen |

Samenvatting van het werk

Handtekening :

Medewerker	Handel	Uren	Overwerk

Uitrusting op de bouwplaats	Eenheden

Materialen geleverd	Eenheden	Uitrusting gehuurd	Tarief

Andere belangrijke informatie

Notities :

Naam van het project :

Voorman :

Projectnu.:

Datum:

Dag:

Bezoekers	Planning

Problemen	Veiligheid problemen

Samenvatting van het werk

Handtekening :

Medewerker	Handel	Uren	Overwerk

Uitrusting op de bouwplaats	Eenheden

Materialen geleverd	Eenheden	Uitrusting gehuurd	Tarief

Andere belangrijke informatie

Notities :

Naam van het project :

Voorman :

Projectnu.:

Datum:

Dag:

Bezoekers	Planning

Problemen	Veiligheid problemen

Samenvatting van het werk

Handtekening :

Medewerker	Handel	Uren	Overwerk

Uitrusting op de bouwplaats	Eenheden

Materialen geleverd	Eenheden	Uitrusting gehuurd	Tarief

Andere belangrijke informatie

Notities :

Naam van het project :

Projectnu.:

Datum:

Voorman :

Dag:

Bezoekers	Planning

Problemen	Veiligheid problemen

Samenvatting van het werk

Handtekening :

Medewerker	Handel	Uren	Overwerk

Uitrusting op de bouwplaats	Eenheden

Materialen geleverd	Eenheden	Uitrusting gehuurd	Tarief

Andere belangrijke informatie

Notities :

Naam van het project :

Voorman :

Projectnu.:

Datum:

Dag:

Bezoekers	Planning

Problemen	Veiligheid problemen

Samenvatting van het werk

Handtekening :

Medewerker	Handel	Uren	Overwerk

Uitrusting op de bouwplaats	Eenheden

Materialen geleverd	Eenheden	Uitrusting gehuurd	Tarief

Andere belangrijke informatie

Notities :

Naam van het project :

Voorman :

Projectnu.:

Datum:

Dag:

Bezoekers	Planning

Problemen	Veiligheid problemen

Samenvatting van het werk

Handtekening :

Medewerker	Handel	Uren	Overwerk

Uitrusting op de bouwplaats	Eenheden

Materialen geleverd	Eenheden	Uitrusting gehuurd	Tarief

Andere belangrijke informatie

Notities :

Naam van het project :

Voorman :

Projectnu.:	
Datum:	
Dag:	

Bezoekers

Planning

Problemen

Veiligheid problemen

Samenvatting van het werk

Handtekening :

Medewerker	Handel	Uren	Overwerk

Uitrusting op de bouwplaats	Eenheden

Materialen geleverd	Eenheden	Uitrusting gehuurd	Tarief

Andere belangrijke informatie

Notities :

Naam van het project :

Voorman :

| Projectnu.: |
| Datum: |
| Dag: |

| Bezoekers | Planning |

| Problemen | Veiligheid problemen |

| Samenvatting van het werk |

Handtekening :

Medewerker	Handel	Uren	Overwerk

Uitrusting op de bouwplaats	Eenheden

Materialen geleverd	Eenheden	Uitrusting gehuurd	Tarief

Andere belangrijke informatie

Notities :

Naam van het project :

Projectnu.:

Datum:

Voorman :

Dag:

Bezoekers	Planning

Problemen	Veiligheid problemen

Samenvatting van het werk

Handtekening :

Medewerker	Handel	Uren	Overwerk

Uitrusting op de bouwplaats	Eenheden

Materialen geleverd	Eenheden	Uitrusting gehuurd	Tarief

Andere belangrijke informatie

Notities :

Naam van het project :

Voorman :

| Projectnu.: |
| Datum: |
| Dag: |

Bezoekers

Planning

Problemen

Veiligheid problemen

Samenvatting van het werk

Handtekening :

Medewerker	Handel	Uren	Overwerk

Uitrusting op de bouwplaats	Eenheden

Materialen geleverd	Eenheden	Uitrusting gehuurd	Tarief

Andere belangrijke informatie

Notities :

Naam van het project :

Voorman :

| Projectnu.: |
| Datum: |
| Dag: |

| Bezoekers | Planning |

| Problemen | Veiligheid problemen |

| Samenvatting van het werk |

Handtekening :

Medewerker	Handel	Uren	Overwerk

Uitrusting op de bouwplaats	Eenheden

Materialen geleverd	Eenheden	Uitrusting gehuurd	Tarief

Andere belangrijke informatie

Notities :

Naam van het project :

Projectnu.:

Datum:

Voorman :

Dag:

Bezoekers	Planning

Problemen	Veiligheid problemen

Samenvatting van het werk

Handtekening :

Medewerker	Handel	Uren	Overwerk

Uitrusting op de bouwplaats	Eenheden

Materialen geleverd	Eenheden	Uitrusting gehuurd	Tarief

Notities :

Naam van het project :

Voorman :

| Projectnu.: |
| Datum: |
| Dag: |

Bezoekers

Planning

Problemen

Veiligheid problemen

Samenvatting van het werk

Handtekening :

Medewerker	Handel	Uren	Overwerk

Uitrusting op de bouwplaats	Eenheden

Materialen geleverd	Eenheden	Uitrusting gehuurd	Tarief

Notities :

Naam van het project :

Voorman :

| Projectnu.: |
| Datum: |
| Dag: |

Bezoekers	Planning

Problemen	Veiligheid problemen

Samenvatting van het werk

Handtekening :

Medewerker	Handel	Uren	Overwerk

Uitrusting op de bouwplaats	Eenheden

Materialen geleverd	Eenheden	Uitrusting gehuurd	Tarief

Andere belangrijke informatie

Notities :

Naam van het project :

Projectnu.:

Datum:

Voorman :

Dag:

Bezoekers	Planning

Problemen	Veiligheid problemen

Samenvatting van het werk

Handtekening :

Medewerker	Handel	Uren	Overwerk

Uitrusting op de bouwplaats	Eenheden

Materialen geleverd	Eenheden	Uitrusting gehuurd	Tarief

Andere belangrijke informatie

Notities :

Naam van het project :

Projectnu.:

Datum:

Voorman :

Dag:

Bezoekers	Planning

Problemen	Veiligheid problemen

Samenvatting van het werk

Handtekening :

Medewerker	Handel	Uren	Overwerk
Medewerker	Handel	Uren	Overwerk

Uitrusting op de bouwplaats	Eenheden

Materialen geleverd	Eenheden	Uitrusting gehuurd	Tarief

Andere belangrijke informatie

Notities :

Naam van het project :

Voorman :

Projectnu.:

Datum:

Dag:

Bezoekers	Planning

Problemen	Veiligheid problemen

Samenvatting van het werk

Handtekening :

Medewerker	Handel	Uren	Overwerk

Uitrusting op de bouwplaats	Eenheden

Materialen geleverd	Eenheden	Uitrusting gehuurd	Tarief

Andere belangrijke informatie

Notities :

Naam van het project :

Projectnu.:

Datum:

Voorman :

Dag:

Bezoekers

Planning

Problemen

Veiligheid problemen

Samenvatting van het werk

Handtekening :

Medewerker	Handel	Uren	Overwerk

Uitrusting op de bouwplaats	Eenheden

Materialen geleverd	Eenheden	Uitrusting gehuurd	Tarief

Andere belangrijke informatie

Notities :

Naam van het project :

Projectnu.:

Datum:

Voorman :

Dag:

Bezoekers	Planning

Problemen	Veiligheid problemen

Samenvatting van het werk

Handtekening :

Medewerker	Handel	Uren	Overwerk

Uitrusting op de bouwplaats	Eenheden

Materialen geleverd	Eenheden	Uitrusting gehuurd	Tarief

<table>
<tr><td align="center">Andere belangrijke informatie</td></tr>
</table>

Notities :

Naam van het project :

Voorman :

Projectnu.:

Datum:

Dag:

Bezoekers

Planning

Problemen

Veiligheid problemen

Samenvatting van het werk

Handtekening :

Medewerker	Handel	Uren	Overwerk

Uitrusting op de bouwplaats	Eenheden

Materialen geleverd	Eenheden	Uitrusting gehuurd	Tarief

Andere belangrijke informatie

Notities :

Naam van het project :

Voorman :

Projectnu.:

Datum:

Dag:

Bezoekers	Planning

Problemen	Veiligheid problemen

Samenvatting van het werk

Handtekening :

Medewerker	Handel	Uren	Overwerk
Medewerker	Handel	Uren	Overwerk

Uitrusting op de bouwplaats	Eenheden

Materialen geleverd	Eenheden	Uitrusting gehuurd	Tarief

Andere belangrijke informatie

Notities :

Naam van het project :

Voorman :

| Projectnu.: |
| Datum: |
| Dag: |

| Bezoekers | Planning |

| Problemen | Veiligheid problemen |

| Samenvatting van het werk |

Handtekening :

Medewerker	Handel	Uren	Overwerk

Uitrusting op de bouwplaats	Eenheden

Materialen geleverd	Eenheden	Uitrusting gehuurd	Tarief

Notities :

Naam van het project :

Projectnu.:

Datum:

Voorman :

Dag:

Bezoekers	Planning

Problemen	Veiligheid problemen

Samenvatting van het werk

Handtekening :

Medewerker	Handel	Uren	Overwerk

Uitrusting op de bouwplaats	Eenheden

Materialen geleverd	Eenheden	Uitrusting gehuurd	Tarief

Andere belangrijke informatie

Notities :

Naam van het project :

Voorman :

| Projectnu.: |
| Datum: |
| Dag: |

| Bezoekers | Planning |
| Problemen | Veiligheid problemen |

Samenvatting van het werk

Handtekening :

Medewerker	Handel	Uren	Overwerk

Uitrusting op de bouwplaats	Eenheden

Materialen geleverd	Eenheden	Uitrusting gehuurd	Tarief

Andere belangrijke informatie

Notities :

Naam van het project :

Voorman :

Projectnu.:

Datum:

Dag:

Bezoekers	Planning

Problemen	Veiligheid problemen

Samenvatting van het werk

Handtekening :

Medewerker	Handel	Uren	Overwerk
Medewerker	Handel	Uren	Overwerk

Uitrusting op de bouwplaats	Eenheden

Materialen geleverd	Eenheden	Uitrusting gehuurd	Tarief

Andere belangrijke informatie

Notities :

Naam van het project :

Voorman :

Projectnu.:

Datum:

Dag:

Bezoekers

Planning

Problemen

Veiligheid problemen

Samenvatting van het werk

Handtekening :

Medewerker	Handel	Uren	Overwerk

Uitrusting op de bouwplaats	Eenheden

Materialen geleverd	Eenheden	Uitrusting gehuurd	Tarief

<table>
<tr><td align="center">Andere belangrijke informatie</td></tr>
</table>

Notities :

Naam van het project :

Voorman :

Projectnu.:

Datum:

Dag:

Bezoekers	Planning

Problemen	Veiligheid problemen

Samenvatting van het werk

Handtekening :

Medewerker	Handel	Uren	Overwerk

Uitrusting op de bouwplaats	Eenheden

Materialen geleverd	Eenheden	Uitrusting gehuurd	Tarief

Andere belangrijke informatie

Notities :

Naam van het project :

Voorman :

| Projectnu.: |
| Datum: |
| Dag: |

Bezoekers

Planning

Problemen

Veiligheid problemen

Samenvatting van het werk

Handtekening :

Medewerker	Handel	Uren	Overwerk

Uitrusting op de bouwplaats	Eenheden

Materialen geleverd	Eenheden	Uitrusting gehuurd	Tarief

Notities :

Naam van het project :

Voorman :

Projectnu.:	
Datum:	
Dag:	

Bezoekers

Planning

Problemen

Veiligheid problemen

Samenvatting van het werk

Handtekening :

Medewerker	Handel	Uren	Overwerk

Uitrusting op de bouwplaats	Eenheden

Materialen geleverd	Eenheden	Uitrusting gehuurd	Tarief

Andere belangrijke informatie

Notities :

Naam van het project :

Projectnu.:

Datum:

Voorman :

Dag:

Bezoekers	Planning

Problemen	Veiligheid problemen

Samenvatting van het werk

Handtekening :

Medewerker	Handel	Uren	Overwerk

Uitrusting op de bouwplaats	Eenheden

Materialen geleverd	Eenheden	Uitrusting gehuurd	Tarief

Notities :